Seine Port, le 23 Avril 2022

Ce livre est pour toi Arthur
car tu veux savoir plein de
choses, tu es curieux de tout
et c'est très bien - tu deviens savant -

En lisant ce livre, tu vas
apprendre d'où viennent les premiers
hommes, comment ils ont vécu,
comment ils ont survécu aux
animaux féroces, comment ils ont
appris à chasser, à manger, à peindre
à coudre leurs habits, ...
Prend bien le temps de tout regarder
et de comprendre ....

Très heureux anniversaire !!
petit homme savant et heureux
Nous, ton papy et ta mamie,
nous sommes fiers de toi et nous
t'aimons tellement fort -

Papy et mamie

Direction : Guillaume Pô
Direction éditoriale : Sarah Malherbe
Collection créée par Émilie Beaumont et Jack Delaroche
Édition : Audrey Bourset
Direction artistique : Bleuenn Auffret
Conception graphique : Éric Laurin
Graphisme : Julien Di Giorgio
Mise en pages : Cromatik Ltée
Direction de fabrication : Thierry Dubus
Fabrication : Sonia Roméo

www.fleuruseditions.com

Dépôt légal : février 2022
ISBN : 9782215179085
Code MDS : FS79085
N° d'édition : J22062
Achevé d'imprimer en décembre 2021
par Rotolito Romania S.A en Roumanie.

Fleurus Éditions s'engage pour la planète :
cet ouvrage est imprimé de façon éco-responsable,
sur du papier PEFC™.

Conforme à la loi n°49-956 du 16 juillet 1949
sur les publications destinées à la jeunesse,
modifiée par la loi n°2011-525 du 17 mai 2011.

PEFC
PEFC/46-31-13

Certifié PEFC

Ce produit est issu de
forêts gérées durablement
et de sources contrôlées

www.pefc.ro

L'imagerie
LA PRÉHISTOIRE

TEXTES
Romain Pigeaud et Émilie Beaumont

ILLUSTRATIONS
Marie-Christine Lemayeur et Bernard Alunni

FLEURUS

FLEURUS ÉDITIONS, 57, RUE GASTON-TESSIER 75019 PARIS
WWW.FLEURUSEDITIONS.COM

Sommaire

NOS LOINTAINS COUSINS

Sur les traces de nos ancêtres

Nos ancêtres se sont séparés des ancêtres des grands singes (gorilles, chimpanzés, bonobos) autour de 10 millions d'années, en Afrique.

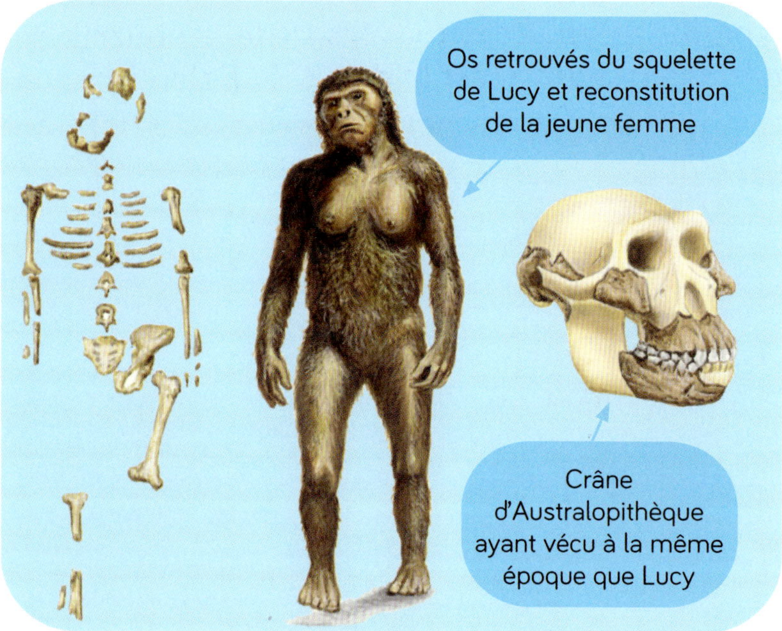

En Afrique, entre -7 millions d'années et -2,8 millions d'années, une grande variété d'espèces cohabite : des Préhumains (Toumaï, Orrorin, les Ardipithèques, le Kenyanthrope), des Australopithèques (Lucy) et des Paranthropes. L'une d'entre elles est peut-être notre ancêtre.

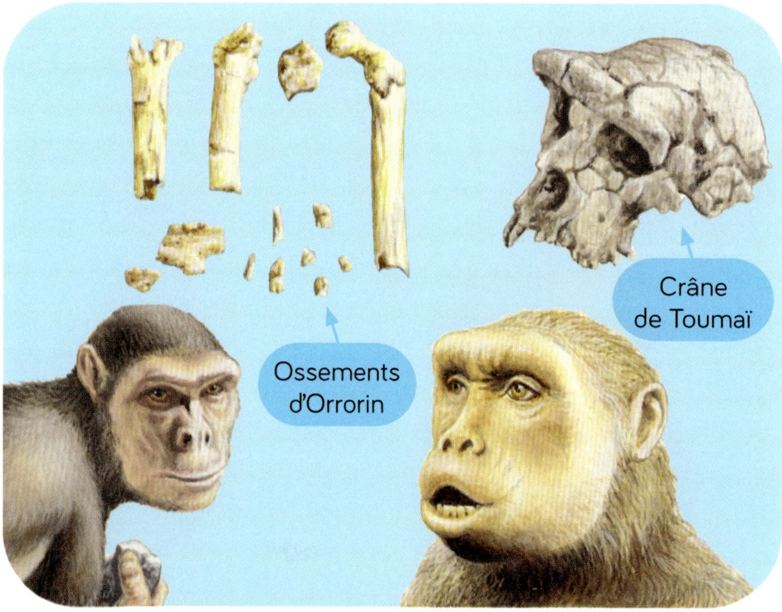

Orrorin et Toumaï seraient parmi nos plus vieux ancêtres connus à ce jour. Ils ont vécu il y a plus de 6 millions d'années pour Orrorin, et 7 millions d'années pour Toumaï.

Les Australopithèques et les Paranthropes

Ils ont vécu en Afrique de l'Est, du Sud et du Centre, entre -4 et -1 million d'années. Marchant debout, ils ont diversifié leur nourriture et appris à se protéger des prédateurs. C'est le début du Paléolithique.

Les Australopithèques sont petits (1,30 mètre) et mangent surtout des fruits, des végétaux et des insectes. Ils vivent encore en partie dans les arbres.

Les Paranthropes sont plus grands (1,50 mètre) et moins arboricoles. Ils se nourrissent de racines et de tubercules. Ils savent tailler des outils et mangent des insectes en fouillant des fourmilières.

Les premiers hommes : *Homo habilis* et *Homo rudolfensis*

Ils ont vécu entre -2,8 et -1,44 million d'années aux côtés des Australopithèques et des Paranthropes. Ils mangent plus de viande et améliorent leurs outils. Ils se réfugient encore dans les arbres.

Peut-être casse-t-on des os pour en extraire la moelle et la manger. Mais aucun outil spécifique n'a été retrouvé.

On pense que les petits animaux sont assommés et capturés au moment où ils sortent de leur terrier.

Homo habilis et *Homo rudolfensis* mangeaient des animaux morts, qu'ils disputaient aux grands prédateurs avec des pierres et des bâtons pointus.

De meilleures conditions de vie

Fini la débrouille ! Les premiers hommes apprennent à transformer leur environnement pour se nourrir et se protéger.

Homo habilis et *Homo rudolfensis* frappent des galets sur des pierres pour obtenir des éclats tranchants afin de découper la peau des animaux. *Homo habilis* signifie d'ailleurs « homme habile » !

Homo habilis et *Homo rudolfensis* se fabriquaient de petites huttes en branchages ou bien se réfugiaient dans les arbres pour passer la nuit.

Homo ergaster

À côté d'*Homo habilis*, d'*Homo rudolfensis* et des derniers Paranthropes, apparaît *Homo ergaster* (« l'homme travailleur »), autour de -1,9 million d'années.

Homo ergaster est le premier homme à ne plus vivre dans les arbres. Il se tient parfaitement debout. Progressivement, il apprend à domestiquer le feu puis à le fabriquer.

Ces hommes s'aperçoivent que la pointe d'une branche noircie au feu est plus dure. Plus tard, ils auront l'idée de fabriquer des lances.

Le feu venu du ciel

Pendant la saison sèche, les incendies sont fréquents à cause des orages et de la foudre. Homo ergaster apprend à maîtriser le feu.

Cette tribu est rassurée : l'incendie reste au loin. Les huttes ne seront pas touchées par les flammes.

Peu à peu, les flammes s'éteignent. Les hommes s'approchent et découvrent le corps d'un animal brûlé.

L'odeur de viande rôtie invite les hommes à goûter la chair cuite, qui se détache plus facilement de la carcasse.

Curieux, l'un des hommes constate que, lorsqu'il dépose des branches dans le feu, celui-ci ne s'éteint pas.

Le feu transforme la vie

L'homme se met à chasser du gibier de plus en plus gros qui va lui permettre de nourrir sa tribu pendant plusieurs semaines.

Grâce au feu, la viande n'est plus toujours consommée crue, ce qui facilite la digestion. Elle peut aussi être fumée pour se conserver plus longtemps.

Autour des huttes, les hommes entretiennent des feux pour éloigner les animaux sauvages. Un gardien surveille les foyers afin que les flammes ne se propagent pas aux abris.

Homo ergaster n'a plus peur du feu. Il s'en sert sans doute alors pour se défendre et éloigner les bêtes sauvages, peut-être pour chasser.

Les hommes brandissent leurs branches enflammées pour effrayer ces hyènes et les éloigner de l'animal mort qui va leur procurer de la viande.

Des hommes agitent des torches pour faire fuir la bête menaçante.

Le feu permet de veiller tard et de se raconter des histoires. Les premières légendes sont peut-être nées ainsi.

La maîtrise du feu

Homo ergaster apprend progressivement à produire le feu, entre -1,5 et -1 million d'années.

Homo ergaster s'exerce à produire du feu en frappant une pierre métallique avec une autre pierre. Les étincelles ainsi produites enflamment des brindilles sèches.

Une autre manière de produire du feu, c'est de frotter un bâton de bois sur un morceau de bois sec. C'est plus facile et plus rapide qu'avec des pierres !

Un habile artisan

Homo ergaster perfectionne les premiers outils inventés par ses cousins et prédécesseurs. Il invente le biface autour de – 1,75 million d'années.

Les premiers outils, faciles à fabriquer, furent des pierres éclatées, avec un tranchant (chopper) ou deux (chopping tool). Les hommes utilisaient des pierres ramassées sur place.

Les adultes montrent aux plus jeunes comment tailler des pierres pour obtenir des outils plus précis afin de mieux découper la viande ou travailler le bois.

Les outils des *Homo ergaster* se perfectionnent

Peu à peu, *Homo ergaster* devient plus habile de ses mains. À partir d'une grosse pierre, il est capable d'imaginer comment la tailler pour la transformer en un outil adapté et efficace.

Le polyèdre est un gros galet qui a été taillé sur plusieurs facettes. Il sert à tuer les animaux, à se défendre, à élaguer des branches et à écraser des os.

Homo ergaster, avec le biface, invente l'outil multifonction, qui le rend plus mobile et moins dépendant des sites à cailloux.

Pour gratter et nettoyer les peaux des animaux qu'ils ont tués, les hommes ont besoin d'une pierre qui sert de racloir.

Homo ergaster se déplace

Certaines tribus ont quitté l'Afrique et, au cours de plusieurs milliers d'années, se sont dispersées dans le monde entier (Chine, Europe, Java).

Les hommes voyagent en petits groupes, passant d'une vallée à l'autre, et s'installent. Quelques années plus tard, leurs enfants reprennent le chemin pour aller peupler d'autres terres.

Homo ergaster évolue. Il s'adapte au climat et aux territoires qu'il habite. Des hommes nouveaux apparaissent : en Europe, *Homo heidelbergensis* puis l'homme de Neandertal ; en Asie, *Homo erectus* et les Denisoviens.

La vie à l'époque glaciaire

Entre -1 million d'années et -35000 ans, *Homo heidelbergensis* puis Neandertal s'adaptent aux changements climatiques (phases chaudes et froides). Ils chassent, pêchent et mangent des herbes et des coquillages.

Pour supporter le froid, les hommes s'abritent sous un auvent rocheux et se recouvrent de peaux de bêtes. Une femme fait cuire le dernier morceau de viande, mais les réserves s'épuisent vite. Demain, toute la tribu devra aller chasser.

Passer la nuit

Les nuits sont très froides en période glaciaire. Pour être à l'abri du vent qui s'engouffre sous la tente et avoir plus chaud, tout le monde se blottit sous les peaux de bêtes.

Les enfants sont prêts à dormir. Ils se couchent ensemble pour que leur chaleur corporelle les réchauffe.

Le lendemain, le vent s'est calmé. Pour le petit déjeuner, on mange des noix dont les grands écrasent la coque avec une pierre.

Le départ pour la chasse

Pour pouvoir faire des réserves pour toute la tribu, Neandertal doit parfois mener de grandes expéditions de chasse.

Au moment du départ, les chasseurs prennent des forces.
Ils mangent de la viande cuite sur les pierres brûlantes du foyer.

Les chasseurs mettent d'autres peaux de bêtes sur les épaules
et prennent leurs lances en bois dont les pointes ont été durcies au feu.

Il fait très froid, la neige recouvre tout.
Les Néandertaliens partent pour la chasse.

Les enfants jouent avec des pierres. Ils apprennent à viser en les jetant sur des troncs d'arbres. Bientôt, ils iront chasser avec leurs parents.

Trouver le gibier

Les Néandertaliens marchent dans la neige. Ils cherchent des empreintes d'animaux. Ils vont trouver un troupeau de rennes.

Pour vérifier d'où vient le vent, un des chasseurs arrache des poils de ses vêtements et regarde dans quelle direction ils s'envolent. Les hommes se dirigeront dans le sens opposé pour éviter que les animaux ne sentent leur odeur.

Des chasseurs ont repéré des empreintes toutes fraîches. Les animaux ne sont plus très loin…

Un petit troupeau de rennes se repose en effet près d'un lac, en bas d'une colline.

L'attaque

Les chasseurs descendent de la colline sans faire trop de bruit. Il faut qu'ils attrapent un renne, car ils n'ont plus de nourriture.

Les animaux ont senti la présence des hommes. Aussitôt, ils fuient tous, sauf l'un d'entre eux, qui est blessé et a du mal à se relever.

L'animal parvient difficilement à se défendre. Il donne des coups avec ses bois et ses sabots arrière, mais il est épuisé et ne combat pas longtemps.

Le retour de la chasse

Les Néandertaliens ont découpé le renne sur place en gros morceaux pour le transporter jusqu'à leur campement. Un autre chasseur a capturé un lynx.

La chasse a été bonne. Après une longue marche, la tribu est enfin de retour avec de la nourriture pour plusieurs jours.

Après la chasse, le festin

On organise un vrai festin pour le retour des chasseurs.

Toute la tribu est rassemblée autour du feu et se régale de beaux morceaux de viande grillée. Même le foie et la cervelle sont mangés.

Le reste de la viande est découpé en plusieurs morceaux qui sont conservés dans une sorte de puits creusé dans le sol gelé.

Une proie de poids : le mammouth

Neandertal a vécu à la même époque que le mammouth. Celui-ci n'est pas un gibier facile à chasser ! Neandertal a dû ruser.

Les hommes préparent leurs armes. Pour chasser le mammouth, il faut des lances bien pointues. Certains sont équipés de lances terminées par des pierres taillées maintenues avec des nerfs d'animaux.

Le mammouth est dangereux et trop gros pour être attaqué directement. Les hommes cherchent à le pousser vers une mare de boue où il va s'embourber.

Prisonnier de la boue, le mammouth épuise ses forces en voulant s'échapper. Mais impossible : il s'enfonce chaque fois un peu plus. Les hommes vont pouvoir s'approcher.

Le mammouth, fatigué, ne bouge plus. Les chasseurs vont l'achever à coups de lances et de pierres.

Cet animal représente une importante réserve de nourriture. Les hommes vont le découper sur place. Ils doivent faire vite, car des animaux, comme les loups ou les hyènes, rôdent.

Quand les beaux jours reviennent

Un matin, l'air est moins glacial, la neige disparaît, l'herbe reverdit : les beaux jours reviennent. La saison est meilleure pour se déplacer.

La tribu peut quitter l'abri rocheux. Les hommes emportent de quoi manger et des peaux de bêtes pour construire leur future cabane.

Ils ont choisi leur camp d'été et s'installent. Ils fabriquent leur cabane avec des rondins de bois ou des os de mammouth.

La pêche et la chasse

Pendant le printemps et l'été, les hommes se nourrissent mieux, car le gibier est abondant et les rivières pleines de poissons.

Ils construisent des barrages sur les rivières pour attraper les poissons, qui sont saisis à l'aide de branches fines et pointues.

Les oiseaux sont chassés à l'aide de bolas lancées pour les déséquilibrer.

C'est la saison des naissances. Les jeunes cerfs sont faciles à capturer.

La chasse au bison

Les hommes sont obligés de s'approcher des bisons pour pouvoir les blesser avec leurs lances. Ce n'est pas sans risque !

Un troupeau est repéré. Les chasseurs vont essayer d'attraper un jeune bison. Mais les adultes qui sont autour veillent...

Il faut s'approcher encore, mais un gros mâle furieux fonce sur le groupe. Des siècles plus tard, l'homme de Cro-Magnon inventera le propulseur pour tirer de plus loin. Ce sera moins dangereux.

La chasse se termine mal

Un chasseur a été touché par le bison, qui a chargé, tête baissée. Impossible d'arrêter un tel animal en colère.

Le chasseur blessé est ramené au camp. La blessure au ventre est profonde et, malgré les pansements de boue et d'herbe, il meurt.

Le chasseur va être enterré. Les hommes creusent un grand trou à l'aide d'os de mammouth longs et plats. Ce sont les pelles de l'époque.

L'enterrement du chasseur

Le corps du chasseur est déposé dans la fosse. Il est placé de côté et ses jambes sont repliées. La tribu se rassemble autour du mort.

On dépose près de lui ses armes, des fleurs et quelques autres plantes, puis on le recouvre de poudre rouge et de terre.

Une mystérieuse disparition

Neandertal sait faire du feu, tailler des pierres, fabriquer des javelots, peut-être même des instruments de musique.

Plusieurs morceaux d'os taillés en forme de flûte ou de sifflet ont été retrouvés. Ils pourraient avoir appartenu à l'homme de Neandertal.

Autour de -45000 ans, Neandertal va croiser le chemin de Cro-Magnon, c'est-à-dire notre espèce. Ils vont se partager un territoire à une période où le gibier et la nourriture deviennent plus rares à cause d'un refroidissement climatique. Peu à peu, Neandertal disparaît, pour une raison encore inconnue.

L'HOMME DE CRO-MAGNON

L'homme de Cro-Magnon

Homo sapiens, notre espèce, surnommée l'homme de Cro-Magnon, apparaît en Afrique du Nord autour de -300000 ans.

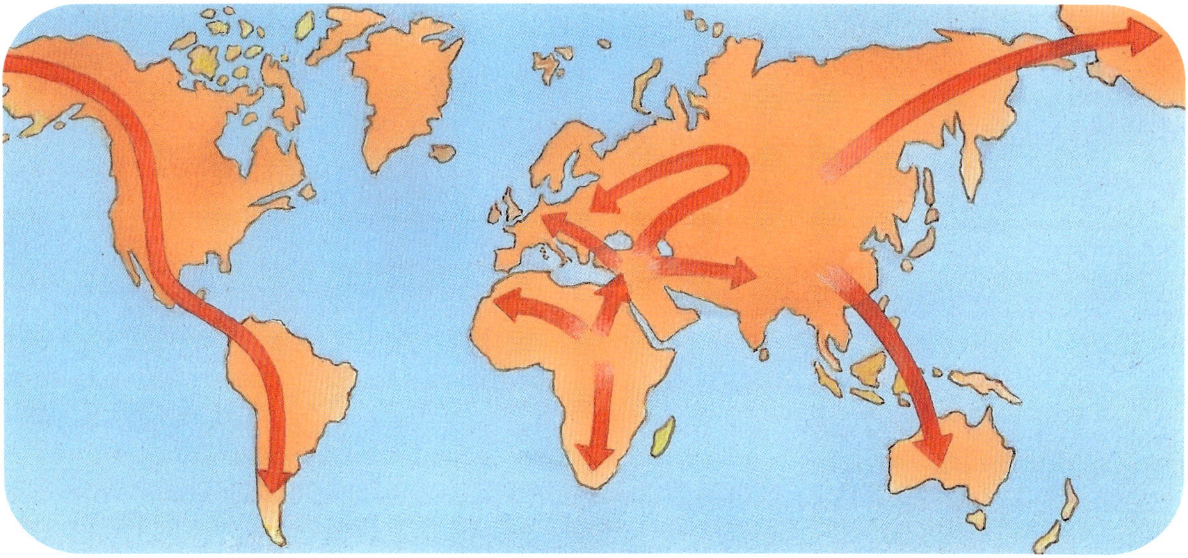

Il va rapidement sortir d'Afrique et coloniser le monde. Autour de -60000 ans, il est en Australie, autour de -23000 ans, en Amérique.

Sapiens et Neandertal vont se mélanger et se métisser, autour de -70000 ans, au Proche-Orient. Nous avons encore des gènes néandertaliens en nous !

Cro-Magnon perfectionne les outils

L'homme s'aperçoit qu'il doit utiliser un silex de bonne qualité pour fabriquer de meilleurs outils.

Perçoir

Racloir

Différentes pointes

Il va procéder à des tailles de pierre de plus en plus précises et créer des outils de plus en plus performants comme des perçoirs et des racloirs aux extrémités fines et aux pointes coupantes.

Les outils en pierre sont de plus en plus nombreux et adaptés à chaque utilisation.

Les pointes en pierre sont de vrais poignards. Montées sur des lances, ce sont des armes redoutables.

L'invention de l'aiguille

Ce petit objet va bouleverser la vie de l'homme préhistorique, qui se met à fabriquer de vrais vêtements et des sacs en cuir.

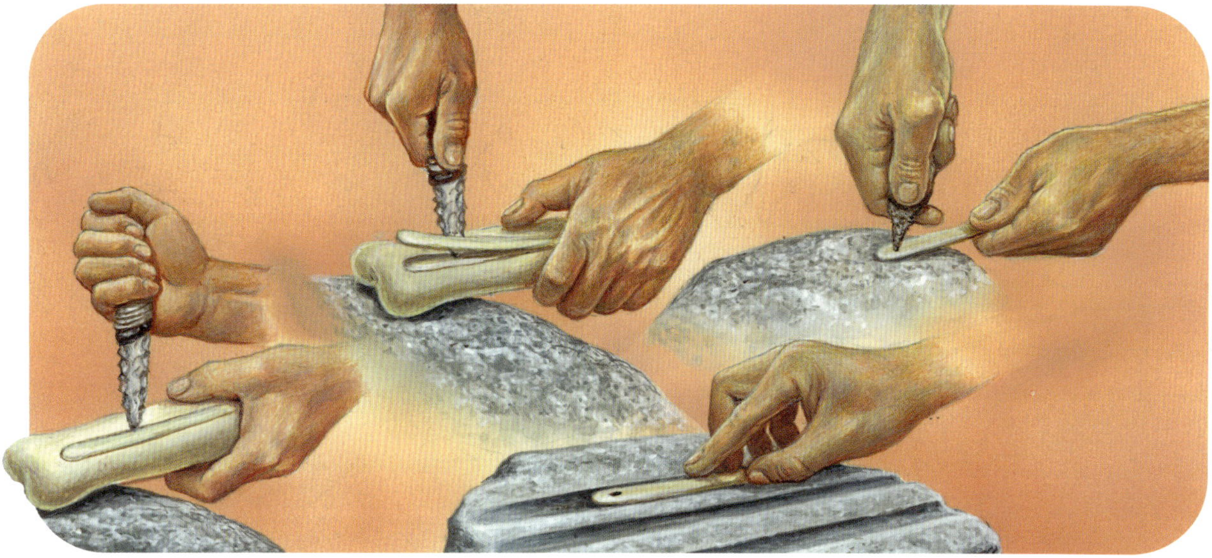

L'aiguille est découpée dans un morceau d'os à l'aide d'outils pointus en silex. Une extrémité est taillée en pointe fine, l'autre est percée d'un trou.

Les vêtements sont mieux coupés. On invente de nouvelles formes qui couvrent mieux le corps et la capuche fait même son apparition.

Un sac pour chauffer l'eau

Grâce à l'aiguille, l'homme va fabriquer des sortes de sacs en cuir, des outres, dans lesquels il peut conserver de l'eau et la chauffer.

L'outre est faite de plusieurs peaux cousues. Elle est suspendue à un trépied constitué de trois branches enfoncées dans le sol.

Dans l'outre sont versés l'eau, les légumes et la viande. La soupe est ensuite chauffée à l'aide de galets brûlants remplacés régulièrement.

La pêche se développe

Peu à peu, les techniques de pêche se perfectionnent. Les hommes améliorent les hameçons et les lances pour de meilleures prises.

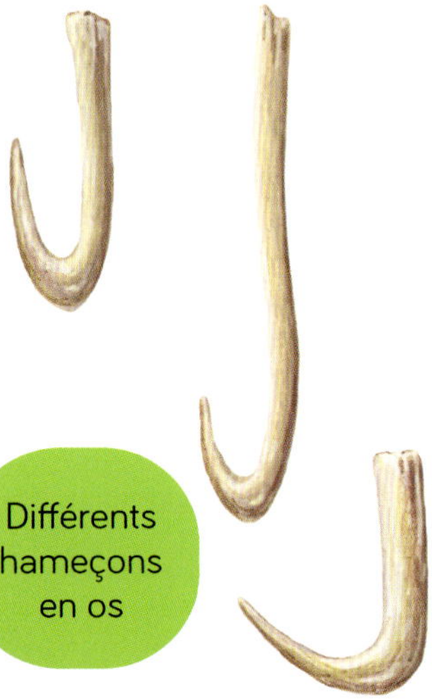

Différents hameçons en os

Les pêcheurs sont armés de sortes de lances munies d'un harpon à plusieurs branches pointues et garnies de petites dents.

Les poissons sont parfois capturés avec des nasses en osier.

Sapiens pêche également les poissons à la main.

Un artiste est né

Les peintures préhistoriques les mieux connues et les plus célèbres ont été réalisées par Cro-Magnon sur les murs des grottes. Plus de 400 grottes ornées sont connues, du Portugal à la Sibérie !

Pendant que l'artiste peint, de nouvelles couleurs sont préparées.
La grotte est éclairée à l'aide de longues torches et de petites lampes à huile.

La découverte de Lascaux

Découverte en 1940 dans le Sud-Ouest de la France, la grotte de Lascaux abrite des peintures réalisées par des hommes préhistoriques.

La grotte a été découverte par des jeunes gens qui, en cherchant un terrier de renard, en ont aperçu l'entrée dégagée par la chute d'un arbre.

Des milliers de personnes sont venues admirer les peintures, qui se sont abîmées. On a donc fermé la grotte en 1963. Les peintures ont été reproduites à Lascaux II puis à Lascaux IV.

Lascaux IV

Dans la nouvelle grotte, les peintures et gravures ont été reproduites grâce à des images en trois dimensions projetées et décalquées sur des parois, en respectant les techniques des peintres de l'époque.

Les animaux reproduits à Lascaux ne sont pas l'exacte réplique des modèles vivants, et tous ne sont pas représentés. Il n'y a qu'un seul dessin de rhinocéros et qu'une seule gravure de renne, animal qui était pourtant très chassé.

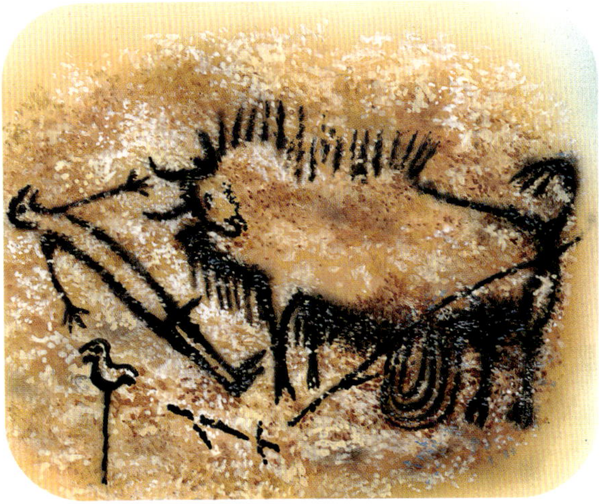

À Lascaux, il est aussi possible de découvrir un dessin dans lequel l'homme apparaît.

Certains animaux représentés à Lascaux se trouvent au parc du Thot.

Tout près de Lascaux IV, deux lieux de visite sur la préhistoire existent : le musée des Eyzies et le parc du Thot.

Les statuettes de femmes

De nombreuses statuettes de femmes aux formes très arrondies ont été retrouvées. Certaines étaient sculptées dans l'ivoire.

La Dame de Brassempouy, en ivoire, porte le nom du village français où elle a été découverte.

L'homme sculpte une statuette dans de l'ivoire de mammouth grâce à un silex.

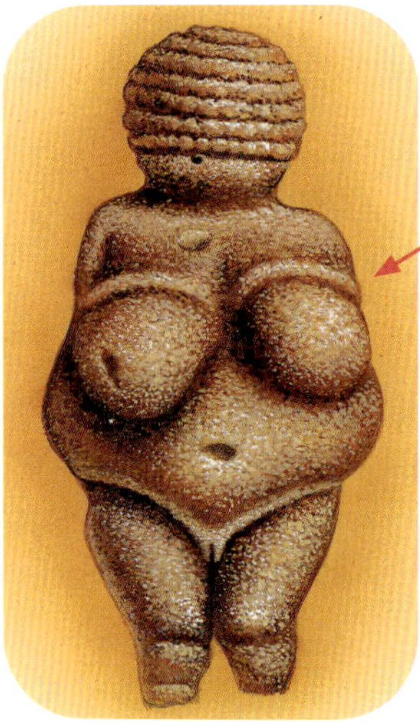

Vénus sculptée dans la pierre

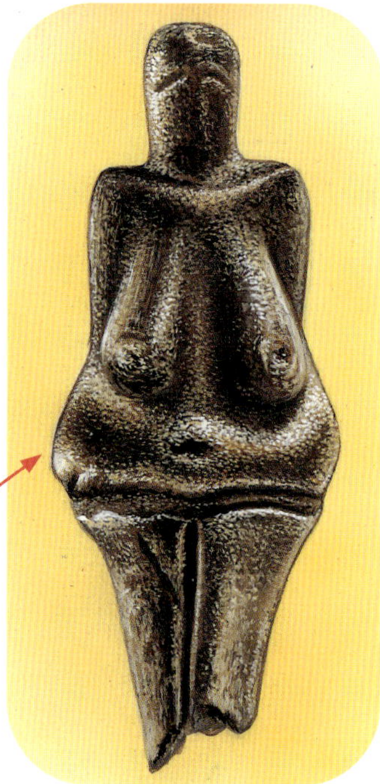

Vénus en terre cuite

Les bijoux

Assez tôt, les hommes préhistoriques ont réalisé des colliers avec des dents d'animaux, des pierres de couleur ou des perles en ivoire.

Des grottes dans la terre

Dans certaines régions très froides, les chasseurs se sont fait des abris dans le sol pour résister au vent glacial.

Pendant que les uns creusent le trou qui va les abriter, d'autres abattent quelques arbres, peut-être en les brûlant à la base du tronc.

À la belle saison, le trou est creusé et recouvert de rondins de bois sur lesquels sont entassés du feuillage et de la terre ou des peaux de bêtes.

Les différents campements

Selon les régions et les climats, les campements évoluent.
Ainsi, les chercheurs ont retrouvé des vestiges d'habitats très variés.

Là où vivaient des mammouths, on a retrouvé les traces de très grandes cabanes, assez profondes, fabriquées avec leurs os et recouvertes de peaux.

Les chasseurs se regroupent maintenant en campements plus étendus. Ce sont presque les premiers villages.

Les premières maisons

Avec la fin de la période glaciaire, les hommes doivent faire face à la forêt. L'arc est privilégié pour la chasse dans les fourrés. Progressivement, ils se sédentarisent et améliorent leur habitat. C'est le Mésolithique.

Ils déboisent une partie des forêts pour récupérer le bois utile à la construction de leurs nouvelles cabanes. Ils mangent des cerfs et des sangliers, récoltent des noisettes et ramassent des escargots.

Plus tard, au Néolithique, on fabriquera des murs en torchis. Des pieux enfoncés dans le sol soutiennent les murs. Entre les pieux, on glisse des branches entrecroisées. De la terre est tassée entre ces branches et, enfin, le grand toit est recouvert de végétaux (paille, roseaux…).

Une cabane dans le sol

Dans certaines îles, les hommes bâtissent des cabanes en pierre enfouies dans le sol pour se protéger des tempêtes.

Le toit est constitué de peaux de bêtes tendues sur des lanières en cuir.
À l'intérieur, tout est en pierre : les bancs, la table, le lit...

L'homme domestique les animaux

Petit à petit, vers -9000 ans, les hommes domestiquent les animaux. Ils vont moins chasser et moins se déplacer. Ils commencent à faire de l'élevage. C'est le Néolithique.

Les chèvres sont élevées pour la viande qu'elles fournissent, mais aussi pour leur lait, avec lequel on fait du fromage.

Les cochons sont faciles à engraisser : ils mangent les restes des repas et des glands, les fruits des chênes. Leur peau donne un cuir résistant.

La vie de paysan n'est pas toujours facile. Parfois, toutes les bêtes du troupeau meurent à cause de la sécheresse ou d'une épidémie.

Le mouton est domestiqué pour sa viande, pour son lait et pour faire des vêtements. Les peaux sont récupérées, la laine est tissée.

Ces grands bœufs, appelés aurochs, sont les ancêtres du bœuf actuel. Leurs cornes sont plus longues et plus pointues.

Le chien

Le premier animal domestiqué est le loup autour de -15000 ans. Une fois apprivoisé, il devient peu à peu un chien, un compagnon pour la chasse et pour garder les troupeaux.

Le chien a été dressé pour rapporter le gibier tué par le chasseur.

En se nourrissant des restes des repas, il débarrasse son maître des détritus.

Le chien surveille le troupeau avec le berger.

L'agriculture se développe

Pour retourner la terre, casser les mottes, créer des sillons, enfouir les grains dans le sol, il faut de nouveaux outils.

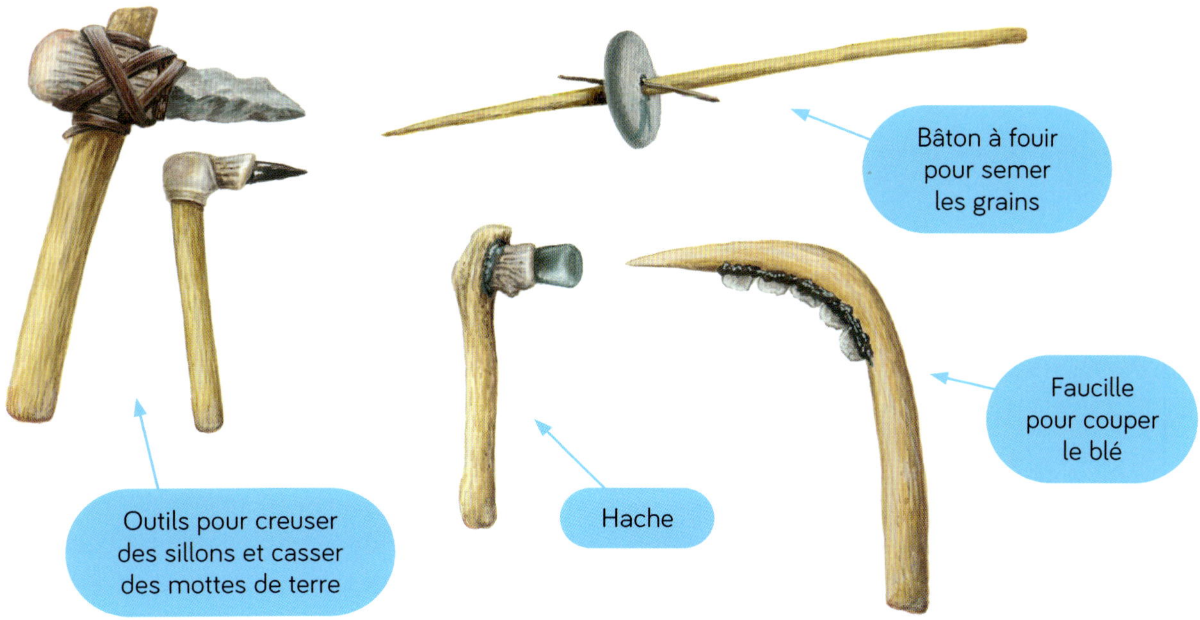

Voici quelques plantes cultivées dans le monde à l'époque :
1 L'orge 2 Le blé 3 Le seigle 4 Les petits pois 5 Le maïs 6 Les piments.

Les travaux des champs

Avec le développement de l'agriculture et de l'élevage, le paysage change, les forêts diminuent, les habitations se transforment en fermes.

Les arbres sont abattus et brûlés.
On remplace les forêts par des champs.

Des sillons sont formés
et les grains sont enterrés.

Le travail est facilité par l'invention
de l'araire, l'ancêtre de la charrue.

Le blé est coupé à l'aide d'une faucille
en bois et en silex.

Avec la farine, on se met à fabriquer du pain, d'abord sous forme de galettes cuites sur des pierres, chauffées par des braises. Plus tard, on inventera le four à pain.

Les gerbes de blé sont battues pour en faire sortir les grains, qui sont ensuite écrasés sur des pierres plates. La poudre obtenue est de la farine.

Les grains sont conservés en terre dans des puits, dont les parois sont recouvertes d'argile, ou dans des greniers surélevés à cause des animaux.

La nourriture

Découvre ci-dessous un échantillon de la nourriture consommée par les habitants des premiers villages.

1 Menthe 2 Pissenlit 3 Ortie 4 Luzerne 5 Mûres
6 Myrtilles 7 Noix 8 Noisettes 9 Raisin 10 Champignons

La conservation du poisson

Les pêcheurs n'ont pas de réfrigérateur. Ils découvrent qu'en fumant le poisson, ils le conservent plus longtemps.

Les poissons (saumons ou truites) sont souvent découpés en filets.

Les filets sont déposés sur des branches au-dessus du feu.

De l'eau est versée sur le feu pour provoquer de la vapeur.

Des poissons entiers, vidés, peuvent également être fumés.

Les ustensiles de cuisine

Un four à pain en argile est construit dans certains villages.

Viandes et galettes sont cuites sur une pierre plate au-dessus du feu.

Se déplacer sur l'eau

Pour se déplacer sur l'eau, à la recherche du poisson, ou pour traverser une rivière, les hommes vont fabriquer des embarcations.

À califourchon sur un tronc d'arbre, ce pêcheur se déplace très vite.

Un gros tronc creusé avec une hache devient une pirogue.

Dans les régions où les troncs d'arbres ne sont pas assez larges, les barques sont fabriquées avec des gerbes de roseaux rassemblées entre elles.

Des barques en peau

Grâce à l'aiguille, on va créer des sortes de kayaks avec des peaux cousues et fixées sur des bouts de bois ou des os de baleine.

On assemble les peaux. C'est un long travail, car le cuir est dur à percer. Pendant ce temps, d'autres hommes montent l'armature du bateau.

Les peaux cousues sont tendues sur les morceaux de bois et maintenues avec des lanières en cuir. Le bateau est ainsi très léger.

Les premiers vêtements

La découverte des métiers à tisser de l'époque permet de penser que les hommes préhistoriques étaient capables de fabriquer des tissus.

Métier à tisser

Les premiers vêtements étaient certainement fabriqués avec de la laine ou du lin.

Ce peigne en buis est utilisé pour serrer le tissage.

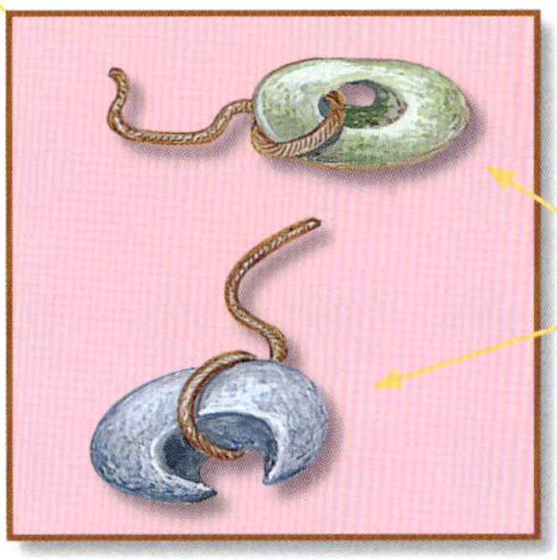

Des galets sont suspendus aux fils afin qu'ils soient bien tendus.

Cette femme perce la peau avec un poinçon en cuivre.

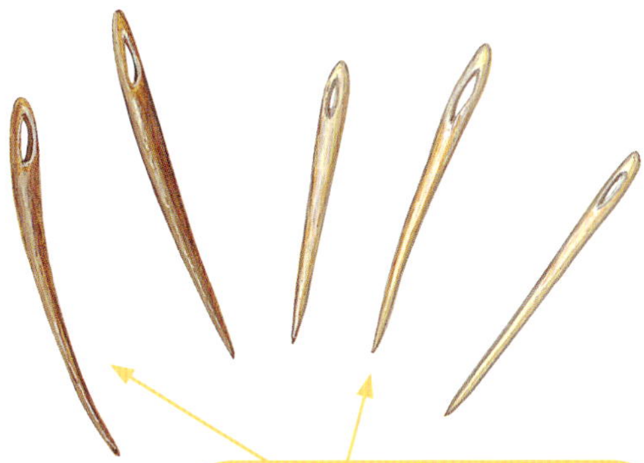

Quelques aiguilles taillées dans de l'os ou du bois

La découverte des métaux

En cherchant du silex pour faire leurs outils, les hommes ont trouvé des minerais comme l'or et le cuivre.

Le métal est d'abord travaillé dans l'état où il est trouvé pour fabriquer des armes et des outils. Puis on découvre qu'en chauffant le minerai dans des fours à de très hautes températures, on peut le faire fondre. On obtient ensuite des formes plus précises en coulant le métal liquide dans des moules. Plus tard, on mélangera les métaux. Cette évolution ne sera possible qu'avec l'invention de fours de plus en plus perfectionnés. C'est le début de l'Âge des Métaux, autour de -3000 ans, au Proche-Orient.

Les dolmens

Un dolmen est le reste d'un grand monument funéraire : une chambre et parfois un couloir faits de grosses pierres, autrefois recouverts de terre ou de cailloux. Il accueillait un ou plusieurs morts, selon les époques.

En France, l'un des dolmens les plus beaux et les mieux conservés se trouve en Bretagne. Il porte un joli nom : le dolmen de la Roche aux Fées.

Il reste des dolmens un peu partout en Europe : en Italie, en Espagne, au Portugal, en Angleterre, en Irlande et en France.

Les tumulus et les cairns

Les monuments consacrés aux morts ont des formes qui varient suivant les régions, car elles dépendent des matériaux que l'on y trouve.

Ces sortes de grosses ruches abritent des chambres funéraires voûtées (les dolmens actuels en sont les vestiges). Elles sont bâties avec une énorme quantité de pierres (on parle alors de cairn) ou de terre (ce sont alors des tumulus).

Tout le monde n'était pas enterré sous les tumulus et les cairns. Suivant les époques, une personne, sa famille ou toute une tribu y avaient droit. Ce sont les premières inégalités.

La construction d'un mégalithe

Un mégalithe est un monument constitué de grosses pierres. Ce peut être un ou plusieurs menhirs, un cercle de pierres, un cairn ou un tumulus, ou une grotte artificielle (hypogée).

Les gros blocs sont séparés avec difficulté. On pense que des feux étaient allumés à l'endroit de la séparation, puis on versait de l'eau pour que la roche éclate. On la fendait ensuite à l'aide de masses et de pieux glissés dans la fente.

Comment ces gros blocs de pierre étaient-ils déplacés ? Ils ont sûrement été tirés par les hommes, qui les faisaient glisser sur des rondins. Certains ont pu être transportés par rivière sur des radeaux.

Pour lever les pierres, on les hisse sur une pente, puis on les bascule dans un trou.
Il faut beaucoup d'hommes pour ces opérations difficiles.

Pour placer le bloc du haut, on construit une petite colline,
on amène la pierre au-dessus des deux autres et on dégage la terre.

Un monument colossal : Stonehenge

Situé en Angleterre, ce monument énorme est l'un des plus gros construits pendant la Préhistoire. Il devait servir à des cérémonies religieuses.

Les chercheurs se sont aperçus que la position du monument avait un lien avec celle du Soleil et de la Lune à certaines périodes de l'année. Mystère !

Les menhirs

Les menhirs sont de grosses pierres dressées.
Elles sont souvent placées en alignements ou en cercles.
Mais on ne sait pas pourquoi, c'est encore une énigme !

En breton, *men* signifie « pierre » et *hir* signifie « long ».

En France, à Carnac, en Bretagne, plus de 4 000 menhirs sont posés les uns à côté des autres. De nombreux visiteurs viennent les admirer chaque année.

Des villages se développent

Les hommes se regroupent de plus en plus en villages qui s'agrandissent. Leurs formes varient selon les régions.

Le village ci-dessus est entouré d'un fossé profond qui le protège des ennemis et des bêtes sauvages.

Exemple de maison en pierre, de forme très allongée.

Autre type de maison, construite au bord de l'eau.

L'invention de la roue

La première roue est tout en bois. Son invention est très importante car elle va changer la vie des hommes.

Avec la roue apparaissent les premiers chariots. Ils remplacent les traîneaux en bois, le seul moyen de transporter les marchandises.

Grâce aux chariots tirés par des bœufs, les paysans vont pouvoir emporter plus facilement leurs récoltes des champs à la ferme.

L'importance des chariots

Le chariot est un très grand progrès. Grâce à ce moyen de locomotion, l'homme va voyager et échanger des matériaux.

Par exemple, contre du bois, le bûcheron pourra obtenir du métal avec lequel il fabriquera des haches nécessaires pour abattre les arbres.

Le chariot transporte le minerai extrait de la mine.

Les hommes peuvent se déplacer sur de plus longues distances.

La fin de la Préhistoire

La période de la Préhistoire se termine avec l'apparition de l'écriture, inventée autour de -3500 ans, dans l'Irak actuel. Mais cette fin n'a pas lieu en même temps dans tous les pays du monde.

Voici quelques représentations des premiers signes d'écriture qui ont été inventés. Chaque petit dessin représente un objet, un être ou un élément.

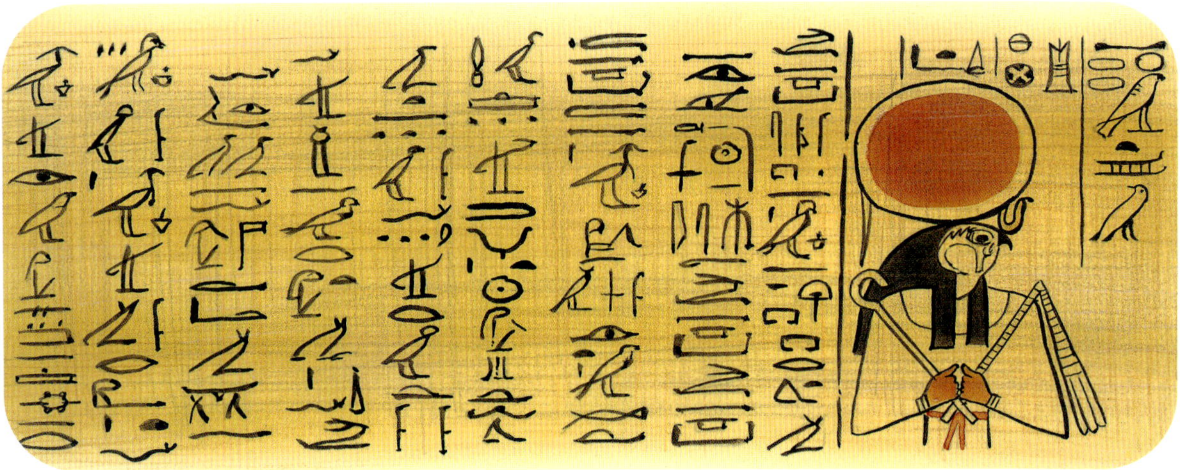

Sur les murs des temples en Égypte et sur les papyrus anciens, on peut admirer des hiéroglyphes, qui sont les premiers signes d'écriture égyptienne.

LES ANIMAUX PRÉHISTORIQUES

De gros brouteurs

Bien avant les rhinocéros, de gros brouteurs existaient sur Terre. Certains possédaient des cornes particulièrement curieuses.

Le brontothérium ressemblait un peu à un rhinocéros. Il avait une drôle de corne en forme de « Y » qui lui était utile lors des combats entre mâles ou dans les affrontements avec les carnivores.

L'indricothérium était un géant : c'était le plus grand des mammifères. Il était deux fois plus grand qu'un éléphant ! Sa taille lui permettait d'attraper les plus hautes feuilles des arbres.

Les ancêtres des éléphants

Même s'ils avaient déjà l'allure de ceux que nous connaissons aujourd'hui, leur tête était bien différente et ils aimaient les plantes aquatiques.

Le gomphothérium était légèrement plus petit que l'éléphant actuel mais, surtout, il était muni de quatre défenses ! Grâce à ses dents crénelées, il pouvait ainsi broyer des kilos d'herbes.

Le platybélodon, lui, avait des défenses aplaties et coupantes qui lui étaient très utiles pour racler le fond des rivières et arracher les plantes. Chez les vieux mâles, ces défenses en forme de pelle pouvaient être très grandes.

Les premiers chevaux

Les premiers chevaux étaient tout petits et n'avaient pas de sabots mais des doigts avec des coussinets. Peu à peu, ils se sont transformés.

L'hyracothérium, le premier cheval, était de la taille d'un renard. Son dos était un peu bossu et il avait des doigts au bout des pattes. Il a fallu des millions d'années d'adaptation et de changements avant qu'il ne ressemble à *Equus*, le cheval actuel.

L'hipparion, apparu bien après l'hyracothérium, était un cheval à trois doigts qui n'était pas encore aussi haut que le cheval actuel.

Des rhinocéros à longues cornes

À l'époque où un froid terrible régnait sur la Terre, vivaient des rhinocéros recouverts d'une toison protectrice et armés de grosses cornes.

L'élasmothérium, le plus gros de tous les rhinocéros, était aussi grand qu'un éléphant. Il portait une corne gigantesque.

Avec son pelage long et très épais, le rhinocéros laineux ne craignait pas le grand froid. Il se nourrissait d'herbes qu'il déterrait sous la neige grâce à la plus longue de ses deux cornes. Il pouvait devenir dangereux lorsqu'il se sentait menacé.

Un fauve aux dents de sabre

Le smilodon était un redoutable fauve avec des muscles puissants et de très longues dents, semblables à des poignards.

Le smilodon ne craignait pas les grosses proies. Il aimait manger de jeunes mammouths et s'attaquait aussi aux troupeaux de petits chevaux.

Dans les cavernes

Certains animaux préhistoriques vivaient à l'intérieur des grottes et des cavernes, où des traces qu'ils ont laissées ont pu être retrouvées.

L'ours des cavernes était plus grand que l'ours brun d'aujourd'hui. Il venait dans les grottes pour hiverner et mettre au monde ses petits. Il était d'ordinaire calme et se nourrissait de plantes et de fruits mais, s'il se sentait menacé, il devenait dangereux.

L'hyène des cavernes avait un pelage gris moucheté et des dents tranchantes. Elle se nourrissait de cadavres d'animaux mais, parfois, lorsqu'elle était affamée, elle pouvait s'approcher des campements où vivaient les hommes.

Dans les prés

Les bisons vivaient nombreux, en troupeaux, sur les grandes étendues d'herbe. Quand le climat de la Terre s'est réchauffé, beaucoup ont disparu.

Les bisons étaient encore plus robustes que ceux d'aujourd'hui.
La race européenne avait de plus longues cornes que celle d'Amérique.

D'autres mammifères, ressemblant à ceux que nous connaissons aujourd'hui, peuplaient les grandes plaines herbeuses ou boisées de l'époque.

Le mégacéros avait de gigantesques bois. Chaque année, il les perdait et les bois repoussaient chaque fois un peu plus grands. À cause d'eux, il devait éviter les zones boisées, pour ne pas s'accrocher aux branches des arbres. C'est sans doute pourquoi il a disparu à la fin de l'âge glaciaire, quand les forêts se sont étendues.

L'aurochs était une sorte de bœuf gigantesque. Il était chassé par les hommes, qui consommaient sa chair et se servaient de ses os pour fabriquer des outils. Le dernier spécimen fut tué en 1627, en Pologne.

Les animaux du froid

Pendant la Préhistoire, il y a eu des périodes très froides au cours desquelles sont apparus des animaux qui vivent encore aujourd'hui.

À la même époque que le rhinocéros laineux se sont répandus aussi de très nombreux rennes ainsi que les premiers bouquetins et chamois.

Le bœuf musqué, avec son épaisse fourrure, fait également son apparition. Pour trouver sa nourriture (plantes et mousses), il grattait la neige.

JEUX

Les pages qui suivent
te permettent de tester
tes connaissances
en t'amusant.

Chacun son ancêtre

Comme les hommes, les animaux ont évolué au cours du temps.

A. Le cheval

B. Le mammouth

C. Le taureau

D. Le rhinocéros

Observe bien les espèces de la page de gauche, et essaie de trouver leur ancêtre sur la page de droite.

1. Le gomphothérium

2. L'indricothérium

3. L'hyracothérium

4. L'aurochs

Réponses : A3, B1, C4 et D2.

Quiz de l'homme de Cro-Magnon

As-tu bien lu le chapitre sur l'homme de Cro-Magnon ?
Pour le savoir, réponds aux questions suivantes !

A. Quelle célèbre grotte abrite des peintures préhistoriques ?

1. La grotte des ours
2. La grotte sombre
3. La grotte de Lascaux

B. Qu'est-ce qu'un cairn ?

1. Une chambre funéraire en terre
2. Une chambre funéraire en pierre
3. Une maison en bois

C. À quoi sert une outre ?

1. À stocker la viande
2. À conserver de l'eau et à la chauffer
3. À fumer le poisson

D. Quel fut le premier animal à être domestiqué ?

1. Le cochon
2. Le mouton
3. Le chien

Réponses : A3, B2, C2 et D3

Vrai ou faux ?

Lis les phrases ci-dessous.
Sont-elles vraies ou fausses ?

A Les premiers hommes sont apparus en Afrique.

B Les Australopithèques savaient faire le feu.

C Neandertal et Cro-Magnon ont vécu en même temps.

D La faucille sert à coudre des vêtements.

E Cro-Magnon conservait la nourriture dans de grands pots.

F La Préhistoire se termine avec l'apparition de l'écriture.

Réponses : A : vrai ; B : faux ; C : vrai ; D : faux, elle sert à couper le blé ; E : faux, il la conservait dans des puits creusés dans la terre, ou dans des entrepôts surélevés ; F : vrai.

Le bon ordre

Classe ces différentes espèces selon la période à laquelle elles ont vécu, de la plus ancienne à la plus récente. Regarde bien ce que chacune fait pour t'aider !

A Neandertal

B Les Australopithèques

C *Homo sapiens*

D *Homo ergaster*

Réponses : B, D, A et C.

Les inventions

Classe ces inventions selon leur ordre d'apparition.

A La roue

B Les pointes en silex

C La hache

D Le feu

E L'écriture

F Le biface

Réponses : D, F, B, C, A et E.

Cherche et trouve

Observe bien cette scène d'une cabane creusée dans le sol et retrouve les 6 détails suivants :

Crédits photographiques